© 2004 KYNOS VERLAG
Dr. Dieter Fleig GmbH
Am Remelsbach 30
D-54570 Mürlenbach/Eifel
Telefon: 06594/653
Telefax: 06594/452
Internet: http://www.kynos-verlag.de

Gesamtherstellung: Druckerei Anders GmbH, 54595 Niederprüm

ISBN 3-933228-97-2

Hundekekse selbst gemacht

Inhalt

VORWORT

Milchdrops, Schokoladenleckerlis oder einfache Cookies – das Angebot an Hundeleckerlis ist riesig. Doch viele der kleinen Köstlichkeiten sind lose zu kaufen und für uns Menschen ist es schlecht kontrollierbar, was in den Leckerlis wirklich steckt. Zucker? Fett? Chemische Zusatzstoffe? Wie viele Kalorien? Hundekekse selbst zu backen ist deswegen eine echte Alternative. Sie können Zutaten vermeiden, die Ihr Hund nicht verträgt.

Je nach Gemüts-, Geschmacks- und Gewichtslage Ihres Vierbeiners können Sie ihm die kleinen Plätzchen selbst wählen, wissen genau was drin ist – und haben vielleicht auch noch Spaß bei der Zubereitung. Denn Spaß macht es, gemeinsam mit dem Hund zu backen. Nicht nur, weil er sicher vor dem Backofen warten wird bis die Köstlichkeiten endlich fertig sind, sondern vor allem deswegen, weil man so viel ausprobieren kann.

Alle hier abgedruckten Rezepte lassen sich vielfach variieren und abwandeln. Nehmen Sie das angegebene Rezept als Grundlage und ergänzen Sie es – mit Nüssen, Kräutern, Weizenkleie, Leinsamen oder Innereien. Hauptsache, die Zutaten sind gesund und naturbelassen, salz- und zuckerlos. Kekse selbst backen macht nicht nur Spaß, sondern rechnet sich. In vielen Fällen sind die selbstgemachten Leckerlis preiswerter als die gekauften. Und Sie wissen genau, was drin steckt. Wenn Ihr Hund auf Diät gesetzt ist, backen Sie ihm vielleicht lieber die Mini-Knäckebrote, wenn es draußen schneit, hat er sich schon mal eine Nussmakrone verdient. Wenn Sie selbst backen, haben Sie die Kontrolle, wie viele Kalorien Ihr Hund zwischendurch nascht. Aber Vorsicht: Viele der hier beschriebenen Plätzchen schmecken nicht nur Vierbeinern. Die Käsestangen beispielsweise können auch Zweibeiner gut bei einem Fernsehabend nebenbei knabbern. Gutes Gelingen!

Rottweilerhündin Kira freut sich auf das Backen.

ABC DER ZUTATEN

Apfel: Enthält viele Vitamine und Mineralstoffe, guter Snack für zwischendurch, da kalorienarm.

Bierhefe: Vitaminlieferant, stärkt gegen Flöhe und Zecken.
Crêpes: Ungewürzte Pfannkuchen bringen Abwechslung in den Speiseplan, sind aber sehr fettreich.
Dattel: Gut zum Backen geeignet, enthält Vitamin A, B und C, viele Mineralstoffe, aber ist kalorienreich. Gutes Leckerli für zwischendurch.
Ei: Zum Backen hervorragend geeignet, aber Eier nie roh verwenden wegen der Salmonellengefahr.
Fisch: Meeresfisch ist ein wichtiger Jodlieferant für Hundeschilddrüsen.
Getreide: Weizen, Roggen, Hirse, Gerste, Buchweizen: wichtiger Lieferant von Ballaststoffen.
Huhn: Enthält viele wichtige Vitamine und Mineralstoffe und schmeckt vielen Hunden einfach köstlich.
Honig: Ist ungünstig, da er Karies verursacht.
Innereien: Leber lockt Hunde, preiswerte Alternativen sind Lunge oder Milz, sie enthalten viele Mineralstoffe und Vitamine.
Joghurt: Reich an Calcium und Vitaminen. Gut bei Durchfall. Aber wie bei allen Milchprodukten: Manche Hunde können ihn nicht vertragen, beim Backen guter Ersatz für Eier oder Öl.
Käse: Reich an Calcium, guter Geschmacksverbesserer und sehr vitaminhaltig, aber auch sehr kalorienhaltig. Deswegen mageren Käse bevorzugen.
Knoblauch: Kann Zecken abschrecken und wird von vielen Hunden wegen seiner Geschmacksintensität gemocht. Manche Vierbeiner aber können ihn nicht vertragen. In Maßen benutzen und stets gekocht.
Kräuter: Majoran, Zimt und Anis mögen Hunde gerne. Aber auch Petersilie und Fenchel verfehlen ihre Lockwirkung nicht. Da sie sehr geschmacksintensiv sind, in Maßen verwenden. Kräuter der Provence sind bei vielen Hunden sehr beliebt, da sie mit ihnen Leberwurst assoziieren.

Leber: Leber enthält viele Schadstoffe, wenn schon Leber, dann besser vom Schaf oder Geflügel.
Milch: Manche Hunde können Kuhmilch nicht vertragen und bekommen Durchfall. Wenn sie es vertragen, ist Milch guter Lieferant von Vitaminen und Mineralien, vor allem Calcium.
Nüsse: Leckerer Snack für zwischendurch, sehr kalorienreich. Auch gut als Geschmacksträger beim Backen – statt Fleisch.
Öl: Aufpassen wegen der Kalorien. Dennoch: Guter Geschmacksträger und das Vitamin E ist gut für das Fell.

Paprika: Wichtiger Kalium-, Magnesium- und Phosphor-Lieferant. Am besten kleingerieben in den Plätzchenteig geben.
Quark: Am besten ist Magerquark, er enthält alle wichtigen Vitamine und Mineralstoffe und wenig Fett. Beim Backen ist er ein guter Ei-Ersatz, da er den Teig ebenso gut zusammenhält.
Reis: Enthält Vitamin B und E und alle wichtigen Mineralstoffe. Reismehl ist ein guter Teigträger zum Backen und in Asia-Shops erhältlich.
Schweinefleisch: Schweinefleisch kann Aujeszky-Viren enthalten, die unbehandelbar und tödlich für Hunde sind. Sie sind zwar sehr selten, dennoch ist es besser, Schweinefleisch zu meiden und es vor allem niemals roh zu füttern.
Salz: Verboten!
Trockenobst: Gut zum Knabbern geeignet, aber in Maßen, da Gärungsgefahr im Magen.
Thunfisch: Guter Ersatz für Fleisch beim Backen. Lässt sich leicht besorgen, backt sich wunderbar und schmeckt den meisten Hunden.
Ungesättigte Fettsäuren: Öle und Fette am besten nicht raffiniert, sondern kaltgepresst verwenden, da sie die meisten Vitamine und Mineralstoffe enthalten.
Vegetarisch: Eine Alternative zum Fleisch sind Fisch und Nüsse, auch Tofu ist sehr gesund für Hunde – aber nicht jeder Hund mag ihn.
Weizenkleie: Hilft als Ballaststoff bei schlechter Verdauung und lässt sich hervorragend in Kekse backen.
Zucker: Verboten!

DIE REZEPTE

CANTUCCINI

Für die italienischen Momente im Hundeleben

Warum sollen sich Herrchen und Frauchen immer nur an italienischen Köstlichkeiten erfreuen? Hunde lieben diese Abwechslung genauso. Zum Beispiel mit den typisch italienischen Mandelkeksen: Cantuccini.

500 g Weizenvollkornmehl
3 Eier
25 g Anissamen
1 TL Weinsteinbackpulver
50 g weiche Butter
1 Esslöffel Schweineschmalz
200 g ganze Mandeln

Alle Zutaten bis auf die Mandeln in einer Schüssel verrühren. Wenn der Teig eine gut knetbare Konsistenz erreicht hat, ihn auf einer bemehlten Arbeitsfläche weiterkneten und die ganzen Mandeln unterheben. Fünf gleich große baguetteförmige Brote aus dem Teig formen und auf ein Backblech legen. Bei 180 Grad etwa 30 Minuten lang backen. Nach dem Backen die noch heißen Mandellaibe schräg in fingerdicke Scheiben schneiden. Anschließend nochmals 10 Minuten backen lassen. Die Cantuccini vollständig abkühlen lassen und dann erst in Keksdosen geben. So sind sie lange haltbar.

Cantuccini

Dänische Käsestangen

Diese Käsestangen lassen sich fast wie kleine Knochen kauen. Ihr Hund wird sie mögen und freut sich über Abwechslung von den üblichen Kauknochen. In Keksdosen aufbewahrt, sind sie lange haltbar.

240 g Vollkornweizenmehl
1 Teelöffel Kräuter, zum Beispiel Salbei
120 g fettarmer, geriebener Käse
2 Eier
1 Teelöffel Mohn oder Kümmelkörner
4 Esslöffel Öl

Mehl auf eine Arbeitsfläche geben und in die Mitte eine Vertiefung drücken. In diese Vertiefung weitere Zutaten geben. Mehlmasse zu einem glatten Teig verkneten.

Teig ausrollen und in Streifen schneiden, die Größe der Streifen hängt von der Größe des Hundes ab. Teigstreifen am oberen Ende festhalten und am unteren Ende drehen, so dass sich die platten Stangen schraubenförmig drehen. Auf ein mit Backpapier ausgelegtes Blech geben. Bei 200 Grad etwa 15 Minuten backen.

Dänische Käsestangen

Fenchelsterne

Ihr Vierbeiner hat unterwegs wieder irgendetwas genascht und sich prompt den Magen verdorben? Probieren Sie es mal mit den Fenchelsternen. Sie schmecken gut und räumen das Durcheinander im Hundebauch auf. Fenchel liefert Kräuterkräfte, die auch uns Menschen gut tun. Zudem schmeckt er gut und sorgt für guten Atem bei Ihrem Hund.

Bobo wartet, bis die Fenchelsterne endlich kalt sind.

2 Eier
100 g Reismehl
150 g Vollkornmehl
1 Esslöffel Olivenöl
1 EL Fenchelsamen gemahlen
2 EL Buttermilch

Aus den Zutaten einen glatten Teig arbeiten. Den Teig zur Kugel formen, in Frischhaltefolie packen und 30 Minuten kalt stellen, am besten im Kühlschrank. Anschließend Teig ausrollen und mit Plätzchenformen ausstechen. Sterne auf ein mit Backpapier belegtes Backblech legen und im vorgeheizten Backofen bei 200 Grad etwa 10 Minuten backen.

In einer Keksdose aufbewahrt halten sich die Fenchelkekse bis zu zwei Monaten, wenn sie nicht vorher aufgegessen worden sind.

BUCHWEIZENBREZELN

Diese Brezeln sind auch für Hunde ein Erlebnis. Sie schmecken nussig und werden, wenn sie länger lagern, schön hart und knusprig.

Das Mehl mit der Butter und dem Wasser zu einem Knetteig verrühren. Dann Kräuter und Käse hinzufügen und erneut rühren. Teig mindestens eine Stunde im Kühlschrank ruhen lassen, damit die Zutaten quellen können und Ihr Hund sie besser verträgt.

200 g Buchweizenmehl
200 g Vollkornweizenmehl
125 g Butter
1 Esslöffel Basilikum
$^1/_2$ Tasse Wasser
50 g geriebener Käse (wahlweise passierte Geflügelleber oder Thunfisch)

Anschließend aus dem Teig kleine Kugeln formen. Die Kugeln zu Würsten rollen und aus diesen Wulsten Brezeln formen. Die Größe der Brezeln richtet sich nach der Größe ihres Hundes. Brezeln auf ein mit Backfolie ausgelegtes Backblech geben und bei 200 Grad etwa 15 Minuten backen. Backzeit richtet sich ebenfalls nach der Größe der Brezeln, die Buchweizenbrezeln sind gar, wenn sie zu bräunen beginnen.

Asiatische Reisherzen

Diese Sesamkekse verströmen beim Backen einen intensiven Sesamgeruch. Wenn Ihr Hund Kekse ohne Fleisch oder Fisch verschmäht, ergänzen Sie das Grundrezept mit Thunfisch aus der Dose oder passiertem Hähnchenfleisch. Fügen Sie Fleisch oder Fisch hinzu, können Sie die Menge des Butterschmalzes halbieren, sonst werden die Kekse zu gehaltvoll für den Vierbeiner.

125 g Reismehl
125 g Weizenvollkornmehl
1 Esslöffel Petersilie
150 g Butterschmalz
3 bis 4 Esslöffel Sesam
2 Esslöffel Sesamöl
1 Ei
3 Esslöffel Milch

Butterschmalz in einem Topf zum Schmelzen bringen, Sesam hinzufügen und eine Minute köcheln lassen – ständig rühren. In einer Schüssel Reismehl und Weizenvollkornmehl mischen. Petersilie, Ei, Sesamöl und Milch unterheben. Dann Butterschmalz-Sesam-Mischung unterheben und gründlich rühren, bis sich alle Zutaten gut vermischt haben. Teig mindestens eine Stunde kalt stellen. Dann gründlich kneten. Auf einer bemehlten Fläche ausrollen und mit Förmchen ausstechen. Bei 150 Grad 15 bis 20 Minuten backen. Die Herzen müssen goldbraun sein. Ihr Hund wird den intensiven Sesamgeruch lieben. Und Ihre Familie auch.

GEBURTSTAGSKUCHEN FÜR DIE GANZE FAMILIE

Wenn der Hund Geburtstag hat, bereitet es besonders Kindern Freude, ihm einen Kuchen zu backen. Folgendes Rezept eignet sich für zwei Kuchen: Einen kleinen für den Geburtstagsvierbeiner und einen großen für seine Menschen.

150 g Butter
4 Eier – Eiweiß und Eigelb getrennt
150 g Weizenvollkornmehl
100 g Hirseflocken (feine Haferflocken gehen auch)
300 g Möhren
1 P. Weinsteinbackpulver

Zusätzlich für die Menschen:
100 g Zucker oder Honig

Butter schaumig rühren. Nach und nach Eigelb zufügen. Mehl und Hirseflocken unterrühren. Eiweiß schaumig rühren und unterheben. Geraspelte Möhren zufügen. Eine kleine Portion des Teigs abnehmen und in eine kleine Kinderbackform geben. Unter den restlichen Teig Honig und Backpulver heben, ebenfalls in eine Backform geben und alles bei 175 Grad etwa 40 Minuten backen.

Achtung:
Der kleine Kuchen wird schneller fertig. Meist nach 20 Minuten. Mit dem Holzstäbchen testen.

Finja ist eine Genießerin. Ob sie auch einen Geburtstagskuchen bekommt?

HAFERKNÄCKERLIS

Diese Knäckerlis sind ein guter Diätsnack für den Hund, der beim Futter etwas kürzer treten muss. Ähnlich wie unser Knäckebrot sind sie fettarm. Wenn man sie dünn ausrollt, sind sie wunderbar knusprig. Dann darf es auch ein Knäckerli mehr für den Vierbeiner sein – trotz der Hundediät.

250 g Weizenvollkornmehl
125 g Roggenvollkornmehl
125 g Haferflocken
50 g Butter
1/2 Tasse lauwarme Milch
etwa 1/2 Tasse Wasser

Erdnusshügel

Mehl mit den Haferflocken und der Butter mischen, Milch und Wasser nach und nach zugeben, bis der Teig die Konsistenz eines Knetteigs hat.

Dann den Teig in drei Kugeln teilen und eine Stunde lang kalt stellen. Nach der Stunde Kühlung, die das Mehl quellen lässt und es so magenverträglicher macht, die Teigkugeln auf einer bemehlten Arbeitsfläche ausrollen, und zwar so dick, wie später auch die Knäckebrotscheiben werden sollen, etwa drei Millimeter. Mit der Gabel mehrmals einstechen. Haferknäckerlis auf ein mit Backpapier ausgelegtes Backblech geben und ca. 20 Minuten bei 200 Grad backen lassen. Wenn es in der Küche beginnt zu duften, dann sind die Knäckerlis fast fertig.

ERDNUSSHÜGEL

Diese Nusshügel sind etwas für die kalte Jahreszeit, wenn Spaziergänge viele Kalorien verbrauchen. Für den Sommer sind die Erdnusshügel vielleicht etwas schwer für den Hundemagen.

150 g weiche Butter
200 g Erdnussmus (möglichst ungesalzen)
4 Esslöffel Sesamsaat
1 Ei
125 g Buchweizenmehl
125 g Weizenvollkornmehl

Butter und Erdnussmus mit dem Handrührgerät geschmeidig rühren. Nach und nach Eier und Mehl und Sesam zugeben. Rühren, bis eine gebundene Masse entsteht. Von der Masse mit zwei Löffeln kleine Häufchen abnehmen und auf ein mit Backpapier ausgelegtes Backblech setzen.

Bei 180 Grad etwa 15 Minuten backen.

Garnierungsvorschlag:
Die Häufchen sehen noch schöner aus, wenn man je eine Erdnuss als Verzierung in die Hügel steckt.

ANISPLÄTZCHEN

Anis und Fenchel haben beide einen sehr intensiven Geruch. Deswegen sind viele Hunde regelrecht verrückt nach Anis. Probieren Sie es am besten selbst aus, ob Ihr Hund diese Leidenschaft teilt. Diese Anisplätzchen sind ein guter Test.

125 g Schweineschmalz
125 g Buchweizenmehl
250 g Vollkornweizenmehl
1 TL gestoßene Anissamen

Anisplätzchen

Schmalz schaumig rühren und nach und nach das gemischte Mehl und die Anissamen hinzufügen. Alles gut verkneten, bis der Teig nicht mehr an den Fingern klebt. Den Teig ausrollen, etwa einen Zentimeter dick und mit Förmchen ausstechen. Plätzchen auf ein mit Backpapier belegtes Backblech legen und bei 220 Grad etwa 10 Minuten goldbraun backen.

HAFERPLÄTZCHEN

Die Haselnüsse geben diesen Keksen einen leckeren Geschmack, aber enthalten auch viele Kalorien. Deswegen ist dieser Snack eher für den Winter geeignet oder für Hunde, die nicht auf ihre Figur achten müssen. Für Hunde mit Gewichtsproblemen: Backen Sie einfach viele kleine Kekse, es gibt auch kleine Ausstechförmchen.

1 Ei
250 g weiche Butter
200 g feine Haferflocken
100 g Weizenvollkornmehl
100 g gemahlene Haselnusskerne

Zutaten mit dem Handrührgerät gründlich so lange verrühren rühren, bis die Masse gebunden ist. Den Teig eine Stunde in den Kühlschrank stellen und dann ausrollen und Förmchen ausstechen. Bei 180 Grad etwa 20 Minuten backen lassen.

Backen mit Bobo – hier Haferplätzchen

Apfelmuffins

Manchmal haben auch Hunde Hunger auf etwas Süßes. Versuchen Sie es einmal mit den Apfelmuffins. Wenn Sie es nicht übertreiben, können Sie auch noch einen Esslöffel Honig hinzufügen oder die kleinen Kuchen mit drei Esslöffeln Rosinen aufwerten. Probieren Sie es aus.

3 Tassen gesiebtes Mehl
125 g Butter
2 Eier
1 Tasse Buttermilch
1 Tasse geriebener Apfel
1 Tasse geriebene Möhren

Backofen auf 200 Grad vorheizen. Mehl, weiche Butter, Eier und Buttermilch verrühren, bis ein sämiger Rührteig entstanden ist, der leicht reißend vom Löffel fällt. Äpfel und Möhren vorsichtig unterheben. Teig in ausgefettete Muffinförmchen geben und bei 180 Grad etwa 20 Minuten backen, bis sie gebräunt sind.

Hirse-Apfel-Kekse

Hirse ist reich an Folsäure und deswegen vor allem für trächtige Hündinnen geeignet. Folsäure ist wichtig für die Blutbildung und Zellteilung. Hirsemehl ist inzwischen in gut sortierten Supermärkten zu finden, in Bioläden ohnehin. Auch nichtträchtigen Hunden bekommen diese Kekse sehr gut.

100 g Butter oder Margarine
140 g Hirsemehl
2 Eier
50 g Weizenmehl
100 g getrocknete Äpfel
3 EL Milch

Die getrockneten Äpfel fein hacken. Butter schaumig rühren und Eier, Mehl und Milch dazugeben. Rühren, bis ein Teig entsteht. Teig zwei Stunden ruhen lassen. Dann kleine Häufchen auf das Backblech setzen und bei 180 Grad etwa 20 Minuten backen.

HIRSEKNOCHEN

Dieser Knochen ist sehr nahrhaft, weshalb Sie ihn mit der Tagesration abstimmen sollten. Die enthaltene Hirse bekommt besonders trächtigen Hündinnen gut.

400 g Mehl
$^{2}/_{3}$ Tasse Wasser
1 Beutel Trockenhefe
$^{1}/_{2}$ Tasse Hirse, ungemahlen
$^{1}/_{2}$ Tasse Wasser
1 Ei
1 Esslöffel frische Pfefferminze

Das Mehl mit dem Wasser und der Hefe mischen und durchkneten. So lange kneten, bis der Teig nicht mehr an den Rändern der Schüssel klebt. Sollte der Teig zu bröselig sein, mehr Wasser zugeben. Sollte er zu flüssig sein, Mehl hinzufügen. Dann an einem warmen Platz eine Stunde ruhen lassen.
Die Hirse mit dem Wasser kurz aufkochen lassen und bei ausgeschalteter Flamme quellen lassen. Nach einer halben Stunde ein Ei und Pfefferminze zufügen und gründlich verrühren. Nun den Hefeteig erneut kneten und auf einer bemehlten Arbeitsfläche ausrollen.

Für mittelgroße Hunde taschenbuchgroße Rechtecke ausschneiden. Für größere entsprechend größere und für kleinere halbes Taschenbuchformat. Pro Rechteck etwa drei Esslöffel der Hirsemischung in der Mitte längs der langen Seite anhäufen, aber die Enden auslassen. Den ausgerollten Teig um die Hirse wickeln und die Nahtstelle mit ein wenig Wasser festkleben. Anschließend die Knochenenden wie ein Bonbon zudrehen und so zusammendrücken, dass eine Knochenform entsteht.

20 bis 30 Minuten bei 200 Grad im vorgeheizten Backofen backen.

Variante:
Statt der Hirse lässt sich auch gut Reis oder Gemüse verwenden. Und statt der Pfefferminze auch andere Kräuter wie etwa Petersilie. Aber Achtung: Diese Knochen sind nicht lange haltbar, bei großer Produktion frieren Sie am besten welche ein.

Innereien-Kekse

Leber oder Pansen – das lieben Hunde. Doch mit Innereien zu backen, kostet manche Zweibeiner etwas Überwindung. Deswegen der Tipp: Lassen Sie sich die Innereien am besten schon beim Schlachter pürieren oder durch den Fleischwolf drehen.

100 g Innereien (am besten vom Geflügel)
etwas Majoran
100 g Buchweizenmehl
150 g Vollkornweizenmehl
1 Ei
2 El Olivenöl

Zutaten zu einem festen Teig verrühren und dann auf dem Backblech ausrollen. 20 Minuten bei 180 Grad backen.

Nach dem Backen noch warm in kleine Stücke schneiden.

Innereien sind oft schwer zu bekommen, deswegen ist Fisch hier eine gute Alternative.

Kürbiskernkipferl

Kürbiskerne stärken die Blase. Dieses ist besonders für manche Hündinnen wichtig, die Probleme mit Inkontinenz haben. Gebäck mit Kürbiskernen oder mit Kürbiskernöl ist deswegen eine wirkliche Hilfe und schmeckt auch noch sehr gut – hat nur leider einen Nachteil: Die Kürbiskerne werden auch von Gourmets geschätzt und sind deswegen teuer.

120 g Kürbiskerne, fein gemahlen
150 g kalte Butter
1 Ei
270 g Vollkornmehl

Das Kürbiskernmehl in einer Pfanne ohne Fett und unter ständigem Rühren kurz anrösten und anschließend ein wenig abkühlen lassen. Dann die Butter, das Ei und das Mehl sowie die Kürbiskerne mit den Händen zu einem glatten Teig verkneten. Den Teig für mindestens eine Stunde kalt stellen.

Anschließend Teig erneut mit den Händen kneten. Dann Teig in kleine Kugeln teilen und zu kleinen Kipferl formen. Diese Hörnchen auf ein mit Backpapier ausgelegtes Backblech legen und bei 200 Grad etwa 10 Minuten backen.

Basty steht auf Innereien-Kekse.

MEXIKANISCHES KARTOFFELGEBÄCK

Dieses Gebäck eignet sich sehr gut zur Resteverwertung, wenn vom Mittagessen Pellkartoffeln übriggeblieben sind.
Kartoffeln enthalten wichtige Vitamine und Mineralstoffe, deswegen sind sie für die Hundeernährung gut geeignet, vor allem für Hunde, die Allergien oder Unverträglichkeiten gegenüber Futter haben.
Zudem sind diese Kekse sehr weich und eignen sich gut für Hunde, die nicht gerne kauen, also besonders für Hundesenioren.

Die Kartoffeln schälen und durchpressen, so dass sie wie

500 g gekochte Pellkartoffeln
3 Eier
400 g Vollkornmehl (Weizen oder Buchweizen)
200 g gemahlene Haselnüsse
1 Dose Thunfisch

Kartoffelmus zubereitet sind. Eier, Mehl und Haselnüsse hinzugeben und alles gut verarbeiten. Den gut abgetropften Thunfisch zum Schluss unter den Teig mischen. Sollte der Teig zu matschig sein, ein wenig Mehl nachgeben.

Die Kartoffelbrei ähnliche Masse zu kleinen Kügelchen formen und auf ein mit Backpapier ausgelegtes Backblech legen. Bei 150 Grad etwa 30 Minuten backen. Das Gebäck ist fertig, wenn es beginnt, goldbraun zu werden.

Dieser Hundesenior aus Sansibar muss auf seine Figur achten.

MINI-KNÄCKEBROTE

Diese Mini-Knäckebrote sind ein schmackhafter Snack für Hunde, die auf ihre Figur achten müssen. Sie schmecken auch einfach gut. Wenn Sie den Teig nicht superdünn, wie im Rezept vorgesehen, sondern dick ausrollen, backen Sie gute Zahnputzkekse für ihren Vierbeiner.

400 g Weizenvollkornmehl
100 g Haferflocken
50 g Leinsamen
300 ml Milch
50 g Butter

Mehl, Haferflocken, Leinsamen vermischen. Butter zerlassen und mit der Milch zufügen. Alles zu einem Teig verkneten. Eine Viertelstunde ruhen lassen. Teig nochmals kneten und dann 2 mm dünn ausrollen, am besten zwischen zwei Schichten Backpapier. In kleine Scheiben schneiden. Diese Scheiben mit einer Gabel mehrmals einstechen, auf ein Backblech legen und bei 180 Grad etwa 40 Minuten backen.

Tipp:
Wenn Sie diesen Teig nicht so Knäckebrot dünn ausrollen, sondern dick, dann haben Sie gute Zahnputzkekse.

NUSSMAKRONEN

Diese Kekse schmecken besonders gut in der Weihnachtszeit, nach ausgedehnten Spaziergängen in der Kälte, wenn Ihr Vierbeiner sich einen kleinen Kalorienschub verdient hat. Die Nüsse enthalten zudem viele Vitamine und Mineralstoffe. Und: Es macht Spaß, diese Makronen zu backen.

100 g gemahlene Haselnüsse
100 g Buchweizenmehl
2 Eiweiß
etwas Zimt

Mini-Knäckebrote

In einer Pfanne ohne Fett die Haselnüsse bei mittlerer Hitze unter ständigem Wenden leicht bräunen. Sie sind fertig gebräunt, wenn sie beginnen zu duften. Anschließend die Eiweiß so steif schlagen, dass sie mit dem Messer zu schneiden wären. Nach und nach Buchweizenmehl und etwas Zimt unter den Eiweißschnee heben. Von dem Teig mit 2 Teelöffeln kleine Häufchen auf das mit Backpapier ausgelegte Backblech setzen. Bei 120 Grad im nicht vorgeheizten Backofen etwa 20 Minuten backen bis die Makronen beginnen, eine goldene Farbe anzunehmen.

QUARKKÜCHLEIN

Quark ist eine wichtige Vitamin- und Mineralstoffquelle, vor allem ist er reich an Kalium, Calcium und Phosphor. Deswegen sind diese Küchlein speziell für junge Hunde geeignet.

300 g Weizenvollkornmehl
150 g Magerquark
1 Ei
6 Esslöffel Milch
3 Esslöffel Öl
100 g gemahlene Mandeln

Alle Zutaten gut vermischen und zu kleinen Bällchen formen. Auf einem mit Backpapier ausgelegten Backblech bei 180 Grad etwa 30 Minuten knusprig backen.

Bobo und Kira können es kaum erwarten, die Quarkküchlein zu testen.

THUNFISCHLECKERLIS

Für alle Hunde, die gerne am Meer sind und Fisch naschen. Wussten Sie, dass Hunde auch eine Schilddrüse haben und deswegen Jod brauchen? Sie können den Thunfisch auch durch anderen, frischen Fisch ersetzen, müssen aber dann die Kekse länger backen oder dünner formen, damit der Fisch gart.

1 Dose Thunfisch in eigenem Saft
75 g Butter
500 g Mehl
1 Ei
Wasser

Zutaten in eine Schüssel geben, mischen und kleine Taler formen. Etwa 20 Minuten bei 120 Grad backen. Die Taler müssen beginnen, braun zu werden, dann sind sie fertig. Achtung: Diese Kekse machen durstig, also auf ausreichend Wasser für den Vierbeiner achten.

Strandhündin Rasta aus Sansibar hat eine feine Nase für Fisch.

WIE VIEL LECKERLI DARF ES DENN SEIN?

Leckerlis sind pures Hüftgold für die Hunde – und reiner Genuss. Wie für uns Schokolade oder Chips sind die meisten gekauften Leckerlis nicht wirklich nahrhaft, sondern einfach nur schmackhaft für unsere Vierbeiner. Und sie machen leider dick. Deswegen sollte der Leckerli-Anteil nicht mehr als fünf Prozent der täglichen Futteraufnahme betragen. Wer mehr Leckerlis füttert, sollte dementsprechend die Tagesration seines vierbeinigen Familienmitglieds reduzieren. Dabei ist die Menge immer abhängig von der Größe des Hundes. Genau hier liegt der Vorteil des Selberbackens. Hier bestimmen Sie Größe und Fettmenge der Hundekekse, nicht der Hersteller. Sie können sich sicher sein, dass kein dickmachender Zucker oder hoher Fettanteil im Leckerli steckt, wenn Sie ihn selber zusammenrühren.

Nicht nur, dass Sie die Zutaten bestimmen, ist ein großer Vorteil, Sie selbst wählen auch die Größe der Plätzchen und Kaustangen. Wenn Sie einen Hund von Doggengröße haben, der gerade eine Diät macht, muss er auf Ihre Plätzchen nicht verzichten. Backen Sie die Kekse einfach kleiner oder rollen den Teig dünner aus. So hat der Vierbeiner Abwechslung und das Vergnügen kleiner Extras, aber seine Ration hat sich halbiert. Ob Käsestangen oder Thunfischleckerlis, Buchweizenbrezeln oder Hirseknochen – bei allen Rezepten können Sie durch einfaches Reduzieren der Größe der Gebäckstücke auch die Kalorienmenge verringern.

Alle hier vorgestellten Rezepte gehen von mittelgroßen Hunden aus. Sollten Sie also einen kleinen Hund besitzen, kann es sich durchaus anbieten, die Zutatenmenge zu halbieren. Doch viele der Plätzchen halten sich sehr lange. Vorausgesetzt, sie sind richtig aufbewahrt.

Rasta hat keine Figurprobleme.

KEKSE RICHTIG AUFBEWAHRT

Ihre selbstgebackenen Leckerlis verzichten vollständig auf Konservierungsmittel. Das ist gut für den Hund und seine Ernährung.

Aber es erfordert auch einen richtigen Umgang, um die Kekse lange haltbar zu lagern. Deswegen sechs Tipps:

1. Je dünner Sie die Kekse ausrollen und je fester Sie die Kekse durchbacken, desto länger halten sich die Leckerlis.
2. Die Kekse am besten im heißen Backofen lassen und beides gemeinsam abkühlen lassen. Dann sind die Zutaten gut durchgebacken und enthalten wenig Feuchtigkeit.
3. Enthalten Rezepte Thunfisch, Fleisch oder Quark/Joghurt oder Käse, sollten die Kekse besonders gut trocknen, bevor sie in Dosen gefüllt werden. Diese Leckerlis lassen sich auch gut einfrieren.
4. Aufbewahrt werden Leckerlis am besten in Keksdosen, die nicht ganz verschlossen sind, in kleinen Pappkartons oder in Pergamenttüten. Wichtig ist, dass die Leckerlis »atmen« können, dass sie belüftet werden. Wenn sie in Plastikgefäßen oder luftdicht verschlossen aufbewahrt werden, besteht eine große Gefahr, dass sie beginnen zu schimmeln.
5. Bei Keksen mit Thunfisch-, Quark oder Fleischanteil die Häppchen nicht zu eng in eine Dose füllen und zwischen den Lagen Papier oder Küchenpapier auslegen, um die Feuchtigkeit aufzunehmen.
6. Gut aufbewahrt, halten sich die meisten Kekse zwei bis drei Monate. Doch trotzdem immer wieder zwischendurch auf Schimmel kontrollieren.

Danksagung

Danke besonders an Basty, Sofie, Rasta, Carlos, Finja fürs Modell stehen – und an all die anderen Hunde in Sansibar und Hannover. Danke Dörte und Sandra für die Hilfe beim Fotografieren und an Thomas für seine Unterstützung.

Widmung

Für Bobo und Kira, die oft ungeduldig in die Küche kamen, vor dem Backofen warteten und für die als Testesser endlich ein Traum wahr wurde.

Satt und zufrieden liegt Carlos in der Sonne.